Pourquoi je suis devenue

Théosophe

PAR

ANNIE BESANT

(Membre de la Société Théosophique)

Traduction F. T. N.

(*D'après la quatorzième Édition*)

PARIS

PUBLICATIONS THÉOSOPHIQUES

10, RUE SAINT-LAZARE, 10

—

1911

Pourquoi je suis devenue

Théosophe

BIBLIOTHÈQUE THÉOSOPHIQUE

Pourquoi je suis devenue

Théosophe

PAR

ANNIE BESANT

(Membre de la Société Théosophique)

———

Traduction F. T. N.

(D'après la quatorzième Édition)

———

PARIS

PUBLICATIONS THÉOSOPHIQUES

10, RUE SAINT-LAZARE, 10

—

1911

Pourquoi je suis devenue Théosophe

(*Écrit en juillet* 1889.)

Endurance est la qualité suprême
Et patience toute la passion d'un grand cœur.
Elles font sa force, et quand le monde grossier
Vient, à la calme pensée opposer son visage menacant,
Quand la force brutale, comme un dédaigneux conquérant,
Jette bruyamment sa masse d'armes dans un des plateaux
[de la balance,
Alors, dans l'autre, l'âme inspirée déverse sa patience,
Et lentement elle soulève le globe de pesante matière,
Une seule foi contre le scepticisme de tout un monde !
Une seule âme contre la grossièreté de tout un univers !

LOWELL.

Croître nécessite de changer, et pourvu que le changement soit graduel et se fasse dans le sens du progrès, il n'est qu'une preuve de vie intellectuelle. Nul ne blâme l'enfant d'avoir fait éclater ses vêtements de baby, ni l'homme de trouver que son costume d'adolescent lui est devenu trop étroit. Mais si l'esprit grandit aussi bien que le corps et vient à s'évader soudain des langes qui lui ont suffi jusque-là, alors

1

poussent des cris d'horreur et de réprobation
tous ceux qui considèrent la fossilisation comme
une preuve de vigueur mentale.

Quelques membres du parti de la libre-pensée
m'ont reproché de m'être reconnue théosophiste.
De tous les hommes pourtant un libre-penseur
devrait être le dernier à protester *per se* contre
un changement d'opinion, car presque tout
libre-penseur *l'est devenu* et tout son espoir de
succès pour sa propagande en pays chrétien,
c'est qu'il pourra déterminer les autres à changer comme lui. Continuellement ces messieurs
reprochent au chrétien d'avoir un esprit fermé à
la controverse et de ne vouloir pas écouter la
raison ; mais qu'un d'entre eux découvre et recon-
naisse une vérité au delà de ce qu'ils croient eux-
mêmes, ils ne se plaindront pas moins du large
esprit de ce libre-penseur que de l'esprit étroit
du chrétien. En un mot quelques-uns de mes
critiques ne tendent à rien moins qu'à créer une
infaillibilité nouvelle, aussi absurde et moins
vénérable que celle de Rome ; à proclamer qu'ils
ont atteint le summum de l'humaine sagesse et
que toute connaissance nouvelle est folie ; à
faire ce que firent les Églises de tous les âges :
planter une palissade autour du champ de vérité
et par cela même enclore leur propre cimetière.

Et pour agir ainsi, il faut que le libre-penseur abjure son credo et s'impose le stigmate de la plus flagrante inconséquence. Il flétrit l'immobilité de l'Église : c'est de l'obstination ! Il glorifie l'immobilité de sa libre-pensée : c'est de la force ! Il blâme l'Église de fermer les oreilles à la nouvelle vérité qu'il proclame ; et cependant il refuse d'écouter la nouvelle vérité que propose tout autre.

Etablissons une distinction. Telle modification dans les croyances peut être une preuve de débilité intellectuelle : changer d'une certaine manière, c'est reculer. Quand tous les arguments susceptibles d'étayer une doctrine ont été examinés et que, nonobstant, elle a été rejetée par nous, ce serait commettre une faute contre la raison que de revenir sur notre décision et de reprendre cette doctrine sans qu'il se soit produit aucun argument nouveau. Mais si d'autre part il vient se présenter à nous un argument nouveau ou une nouvelle évidence qui supplée au défaut des premiers, cela n'est point une faute contre la raison que de nous rallier à cette doctrine précédemment rejetée. Et ce n'est point non plus faiblesse de notre esprit si une doctrine que certaines preuves nous ont fait accepter, de nouveaux éléments de connaissance nous

la font abandonner. On ne progresse qu'ainsi ;
ainsi seulement, pas à pas, nous approchons de
la lointaine Vérité. Un libre-penseur rendu tel
par l'étude et qui aurait péniblement conquis sa
liberté ne pourrait pas revenir aux diverses doctrines du Christianisme sans avouer ou qu'il
avait été trop prompt à les rejeter ou qu'il était
peu assuré dans sa croyance nouvelle ; dans l'un
et l'autre cas il aurait fait preuve de faiblesse
intellectuelle. Mais au libre-penseur ne peut être
clos nul des champs inexplorés de l'activité mentale. Aucune orthodoxie nouvelle n'enchaînera
ses membres affranchis des fers où les enserrait
une foi plus ancienne. Nul credo étroit ne posera
le bandeau sur ses yeux que le soleil illumine,
et ce n'est point à lui que l'Athéisme (non plus
que le Théisme) dira : « Tu croiras jusque-là, —
et pas plus loin ! »

L'Athéisme fut son libérateur; il ne sera point
son geôlier. L'Athéisme l'a affranchi ; il ne doit
plus jamais l'enchaîner. — Reconnaissant pour
tout ce dont l'Athéisme l'a sauvé, pour tout ce
qu'il lui a enseigné, pour la force qu'il lui a donnée, l'énergie qu'il lui a inspirée, l'esprit aigu de
l'homme déjà prend son ardent essor et crie :
« La lumière est au delà ! »

Je maintiens donc que le libre-penseur est

tenu d'ouvrir une fenêtre à la lumière nouvelle. En somme la libre-pensée est un état intellectuel, une attitude mentale, et non un credo ni une série de dogmes. Celui-là ne cesse pas d'être libre-penseur qui soumet chaque nouvelle doctrine à la critique de sa raison ; qui en pèse les affirmations sans parti-pris et qui l'admet ou la rejette sans rien considérer que la vérité. Il semble nécessaire de rappeler ce principe fondamental de la libre-pensée en manière de protestation contre l'attitude prise par quelques-uns de mes critiques qui voudraient identifier une *méthode intellectuelle* d'ordre général avec une phase particulière du Matérialisme au dix-neuvième siècle. Le Temple de la Pensée libre n'est point la niche où ils se sont pétrifiés, et sa tribune n'est point une chaire aussi étroite que voudraient le faire croire quelques-uns de ceux qui m'ont attaquée récemment. N'expriment-ils pas la crainte que, m'entretenant là de Théosophie, je ne puisse « égarer des libre-penseurs ? » Jusqu'à présent j'ai vu dans les libre-penseurs des hommes capables de former leur propre jugement et non des moutons à mener en troupeau, et de quel joli son clérical ne sonne pas la phrase de mes critiques ! Comme si la libre exposition de toutes les opinions n'était pas le vrai s'ang artériel de la libre-pensée ! En vérité il est nouveau de vouloir exclure de sa tribune un quelconque des sujets qui intéressent le progrès humain ! Je proteste contre cette nouvelle tendance, contre ce rétrécissement rêvé de l'ancienne et grande tribune d'où Carlile, Watson, Hetherington, bien d'autres encore, combattirent pour le droit de traiter librement tout sujet relatif au bonheur humain ; noble tradition reprise dans notre temps par Charles Bradlaugh qui a toujours usé de cette tribune pour son œuvre politique et sociale aussi bien qu'anti-théologique. Quant à moi j'en ai usé de même depuis que je me suis jointe au parti de la libre-pensée. J'y ai traité de Radicalisme, de Socialisme, de science et de littérature aussi bien que de Théologie, — et ainsi continuerai-je de faire. — Bien entendu, si la Société Nationale Séculariste (1) décidait en bloc d'effacer sa devise : *Nous poursuivons la Vérité*, et, comme une autre secte, se déclarait en possession de la vérité intégrale, il n'y aurait plus alors de place sur sa tribune que pour ses membres ; mais jusqu'à présent cette cause n'a été plaidée que par le petit nombre et

(1) L'épithète de *séculariste* s'applique en Angleterre à quiconque s'attache à pratiquer la morale indépendamment de toute religion. (N. du T.)

il est possible que ce mauvais exemple ne soit pas suivi. — Laissant cela de côté, je passe à l'objet spécial de cet écrit : « Pourquoi je suis devenue théosophe. »

En 1872 je renonçai au Christianisme et évoluai lentement vers l'Athéisme que j'atteignis en 1874. Après quinze ans je passai au Panthéisme. Mon premier changement, je n'ai pas besoin de le défendre ici, mais je tiens à déclarer que de tout ce que j'ai écrit ou dit comme athée contre le surnaturalisme je n'ai rien à regretter, rien à retirer, sauf quant à la façon parfois âpre dont mes vues étaient exprimées. Le côté négatif de l'Athéisme me paraît irréfutable; sa victoire contre le surnaturalisme est complète et pendant quelques années je trouvai cela suffisant. J'étais (et je suis demeurée) satisfaite que l'univers ne fût pas explicable d'une manière surnaturelle. Mais j'eus à m'occuper de travaux scientifiques et pendant dix ans d'études patientes et assidues je cherchai dans les ressources que m'offrait la science matérialiste une réponse aux questions sur la Vie et l'Esprit que l'Athéisme ne pouvait résoudre sans se renier lui-même. Pendant ces dix années les livres m'enseignèrent de seconde main et la nature m'apprit directement un peu de ce que l'on sa-

vait des organismes vivants, de leur évolution
et de leurs fonctions. Appuyée sur une sérieuse
connaissance de la Biologie, je m'aventurai sur
le terrain de la Psychologie, m'efforçant toujours de suivre la Nature jusque dans ses antres
et d'arracher quelque réponse au Sphinx éternel.
Partout je trouvai des faits à classer, des connaissances à généraliser, des conséquences à
tirer; mais nulle part un seul rayon de lumière sur la question des questions : *La Vie,
la Pensée, qu'est-ce donc ?* — Non seulement
le Matérialisme était incapable de répondre à
cette interrogation, mais il déclarait très nette-
ment qu'aucune réponse jamais ne saurait être
donnée. Tout en proclamant que ses méthodes
étaient les seules bonnes, il affirmait qu'elles
ne pouvaient pas dissiper le mystère.

Comme le dit le professeur Lionel Beale (voir
Secret Doctrine, vol. I, page 540): « Il y a dans
la vie un myst⸱   , un mystère qui n'a jamais été
éclairci et qui apparaît d'autant plus grand que
les phénomènes de la vie sont étudiés et con-
templés avec plus d'attention. Dans les centres
de la vie, — bien au delà des centres que les
plus forts grossissements nous permettent de
voir; dans les centres de matière vivante, là où
l'œil s'arrête mais où l'intelligence peut encore

s'aventurer, — il se produit des changements sur la nature desquels les plus savants parmi les physiciens et les chimistes sont impuissants à nous donner aucun renseignement; et il n'y a pas la moindre raison de penser que la nature de ces phénomènes pourra jamais être déterminée par voie d'investigation physique, car ils sont d'un ordre absolument distinct de celui où l'on peut ranger tous les autres phénomènes qui nous sont connus..... Entre l'état *vivant* de la matière et son état *non vivant*, remarque-t-il ailleurs, il y a une différence absolue, ineffaçable : en effet, bien loin que nous puissions démontrer que la matière non vivante passe graduellement et arrive peu à peu à l'état de matière vivante, au contraire la transition est soudaine, brusque ; et réciproquement le passage de la matière de l'état vivant à l'état non vivant se produit de la même manière soudaine et complète..... La formation directe du bioplasma au moyen de matière non vivante est impossible, même en pensée, pour quiconque ne fait point table rase de toutes nos connaissances en physique et en chimie. » (*Bioplasma*, pages 3 et 13.)

Dans ces conditions il ne fallait pas hésiter à suspendre son jugement jusqu'à ce que le progrès de la science rendît possible de juger;

1.

mais assurer positivem. t que jamais la science
ne permettrait de résoudre le problème consi-
déré, cela était évidemment déraisonnable. On
reconnaissait que l'instrument employé ne pouvait servir. A la bonne heure ! Mais fallait-il
pour cela abandonner la recherche de l'essence
des choses et l'espoir de trouver une autre voie ?
—Pourquoi vouloir résoudre l'insoluble, dira-
t-on peut-être ? Pétition de principe ! Une chose
est-elle insoluble parce qu'une seule méthode
est impuissante à vous fournir la solution ? La
lumière est-elle inconnaissable parce que la nature ne peut nous en être révélée à l'aide d'ap-
pareils acoustiques ? Si du choc aveugle des
atomes et du heurt des forces ne peut nous venir
nulle explication de la Vie et de l'Esprit ; si ces
choses demeurent *sui generis* ; si elles apparais-
sent de plus en plus hautes, plutôt comme des
causes que comme des effets, qui blâmera l'as-
soiffé de Vérité quand, impuissant à trouver
comment la Vie peut jaillir de la force et de la
matière, il se demandera si cette Vie n'est point
elle-même le centre de tout et si les mille formes
de la matière ne sont point le vêtement où se
cache une Éternelle et Universelle Vie ?

Enigmes psychologiques.

Nul, — parmi ceux du moins qui ont essayé de comprendre quelque chose à « l'énigme de ce douloureux univers, » — nul ne prétendra que le Matérialisme nous éclaire en aucune façon sur ce point: Comment pensons-nous et de quelle nature est la Pensée ? — Le Matérialisme reconnaît bien un rapport entre la vivante matière nerveuse et l'intelligence ; il démontre que la complexité des phénomènes de la conscience croît avec la complexité du système nerveux et parallèlement ; que l'on peut transposer, stimuler, ralentir et même arrêter les manifestations intellectuelles en agissant sur la matière cérébrale; enfin qu'un certain travail du cerveau accompagne normalement l'activité psychique. Cela prouve donc que, sur notre globe (seul lieu où nos investigations aient porté), il existe un lien étroit entre la matière nerveuse vivante et le processus de la pensée.

Quant à la nature de ce lien, la science est muette et la philosophie elle-même ne peut suggérer aucune hypothèse. Le Matérialisme envisage la pensée comme une production du cer-

veau. « Le cerveau sécrète la pensée, dit Carl
Vogt, comme le foie sécrète la bile. » La phrase
est nette, mais que veut-elle dire ? Dans tous nos
autres centres d'activité corporelle, l'organe et
sa production sont de même ordre, sur un même
plan. Le foie possède forme, couleur, consistance ; il est accessible à nos sens ; la sécrétion
qu'il fournit est accessible à ces mêmes sens et
fait partie du monde des Objets. Les cellules du
foie, au contact du sang, le dépouillent de certaines substances, en éliminent quelques autres,
modifient celles dont elles se sont emparées et
les transforment en bile. Tout cela est très beau,
très admirable, mais tout cela *se tient*. La matière
est élaborée, décomposée, reconstituée ; à tout
instant, elle est assujettie à des lois mécaniques ;
elle peut être surveillée, pesée. Matière avant,
matière pendant, matière après, nous ne quit-
tons jamais le Monde objectif. — Mais « le cerveau sécrète la pensée ? » Étudions les cellules
nerveuses du cerveau : Nous sommes encore
dans le monde des Objets, au milieu des formes,
des couleurs, de la consistance, du mouvement.
Soudain naît une pensée et tout est changé.
Nous sommes entrés dans un nouveau monde,
le Monde subjectif. Sans forme, sans couleur,
intangible, impondérable, c'est la Pensée. Non

plus mobile qu'immobile, elle n'a ni lieu ni limites. Rien du Monde objectif ne peut la toucher, nul instrument la percevoir. Analysée, elle ne peut l'être que par la Pensée elle-même. Mesurée, pesée, contrôlée, elle ne le sera que par ses pairs et dans son propre empire. Entre le Mouvement et la Pensée, l'Objet et le Sujet, un insondable gouffre, et dont les paroles de Vogt ne peuvent qu'épaissir l'obscurité; car elles sont trompeuses, n'établissent qu'une fausse analogie et nous veulent montrer une similitude là où il n'en existe point.

Bien des personnes ont pu, comme je l'ai fait moi-même, entreprendre des recherches avec quelques vagues et flottantes idées sur les méthodes physiques ; puis, à mesure qu'elles approfondissaient leurs études, elles ont pu, fascinées par l'éclat des découvertes physiologiques, espérer celle du point vital ou augurer tout au moins que plus tard on parviendrait à le découvrir en suivant une route que faisaient resplendir de si nombreux rayons de la lumière nouvelle. Mais, après les années de travail acharné que j'ai consacrées, — comme je l'ai dit plus haut, — à la physiologie et à la psychologie, je suis fondée à déclarer que plus j'ai creusé chacune de ces sciences, mieux j'ai

compris l'impossibilité de franchir le gouffre qui
sépare le mouvement matériel du processus mental, mieux j'ai compris aussi que le Corps et
l'Esprit, quoique intimement enchevêtrés, ne sont
point *une chose*, mais deux.

Étudions maintenant un peu plus à fond les
fonctions de l'Esprit : par exemple, la Mémoire.
Comment un matérialiste expliquera-t-il le phénomène du souvenir ? Une cellule ou un groupe
de cellules a été mis en vibration : de là une
pensée. Des vibrations similaires ne cessent
d'être produites et chaque cellule du cerveau
doit avoir vibré des millions de fois au cours
du bas âge, de la jeunesse et de la maturité.
L'homme de cinquante ans se rappelle une scène
de son enfance : c'est qu'un groupe de cellules, —
observer que chaque atome de ces cellules a été
remplacé plusieurs fois depuis l'époque envisa-
gée, — c'est qu'un groupe de cellules s'ébranle
suivant une certaine série de vibrations qui
reproduit exactement la série des vibrations
primitives ou, pour mieux dire, la vibration ini-
tiale de cette série ; et de la sorte naît le ressou-
venir, postérieurement par conséquent à l'ébran-
lement vibratoire. Je ne veux pas m'appesantir
davantage sur la difficulté de cette résurrection
du mouvement d'autrefois et sur les complexités

de l' « Association » qui doit renforcer l'énergie vibratoire au point de ramener la pensée au-dessus du seuil de notre conscience. Essayons seulement de nous imaginer ce qu'implique le rétablissement de cette série d'ondulations, chaque cellule vibrant harmoniquement avec ses voisines, comme autrefois, quarante ans plus tôt, en dépit du nombre incalculable des autres combinaisons possibles et dont chacune ferait naître une autre pensée. Une mémoire bien meublée contient des milliers de « pensées-peintures » et chacune de celles-ci doit avoir son régime de vibrations cellulaires. Cela est-il possible, étant donné les lois de l'espace et du temps auxquelles, ne l'oublions pas, ces vibrations cellulaires doivent obéir ?

Mais ces difficultés ne sont que superficielles ; approfondissons un peu. En abordant la psychologie nous devons étudier l'exception aussi bien que la règle. — Habituellement la pensée dérive d'une impression reçue par les sens. Exceptionnellement, une impression des sens peut résulter de la pensée. Exemple : Un jeune officier fut commandé pour l'exhumation du cadavre d'une personne enterrée depuis quelque temps. Au moment où le cercueil apparaît, ce jeune homme tombe en défaillance, suffoqué par l'odeur. On ouvre la bière : elle était vide. La vive imagination du jeune homme lui avait créé cette impression olfactive que nulle cause extérieure ne pouvait produire. — Autre exemple : Absorbé dans sa fiction où quelqu'un des personnages était tué au moyen de l'arsenic, un romancier éprouva lui-même des symptômes d'empoisonnement arsenical. La bouche, l'œsophage, l'estomac étaient donc affectés par une cause purement mentale. — J'ai renoncé à trouver aucune explication matérialiste pour un vaste groupe de phénomènes dont voilà des types.

Considérez encore l'extraordinaire acuité de perception que l'on rencontre dans certains cas pathologiques. Tel malade entendra des paroles prononcées bien au delà du rayon normal d'audition. Il semblerait que les facultés perceptives s'exaltent d'autant plus que baissent les forces musculaires et la vitalité générale : fait difficilement explicable pour qui se place au point de vue matérialiste, tandis que l'explication *saute aux yeux*, nous le verrons plus loin, pour quiconque se place au point de vue théosophique.

Passons aux phénomènes de clairvoyance, de clairaudience, de transmission de pensée. Une personne mise dans un état nerveux particulier peut voir et entendre à des distances qui dépassent de beaucoup les distances normales de vision et d'audition. Un clairvoyant lira les yeux bandés ou bien avec une planche interposée entre lui et le livre. Il dira si la main du magnétiseur est ouverte ou fermée et décrira sa position et ses mouvements. Ici je ne donne plus d'exemples spéciaux, car les cas sont innombrables et peuvent être aisément vérifiés par quiconque a le désir de se renseigner. Un grand nombre d'expériences conduites soigneusement ont mis la transmission de pensée à l'abri de toute dénégation raisonnable et les étudiants peuvent s'y référer. Il m'est impossible, quant à moi, d'en surcharger cette courte brochure; aussi bien n'ai-je pour but que de montrer le chemin que j'ai suivi et non d'exposer tout le procès engagé contre le Matérialisme.

Ajoutons que le Magnétisme et l'Hypnotisme font pressentir l'existence chez l'homme de facultés *habituellement latentes*. Toute perception externe est maîtrisée dans le sujet magnétisé par la volonté de son magnétiseur qui lui impose des perceptions sensibles en contradiction avec les faits réels : le sujet boira de l'eau avec joie, s'imaginant prendre du vin; avec répugnance, croyant absorber du vinaigre. Son

corps est dominé par le Mental d'un autre homme
et obéit aux volontés de l'opérateur. Les expériences d'hypnotisme ont fourni les résultats les
plus extraordinaires : des actes commandés par
l'hypnotiseur ont été exécutés par l'hypnotisé
en dépit de la distance qui séparait les deux
personnes, bien qu'un certain temps se fût écoulé
depuis l'hypnotisation et quoique le sujet parût
être revenu à ses conditions normales d'existence. On peut se référer aux expériences du
docteur Charcot et à d'autres encore. Elles ont
fourni des résultats à ce point sérieux qu'une
société est en train de se fonder à Londres pour
obtenir que l'autorisation de pratiquer l'hypnotisme soit réservée aux médecins et à des personnes dûment et légalement qualifiées pour en
user. — « Dans ce but, explique le secrétaire
général, on propose de fonder à Londres une
école d'hypnotisme où cette science sera parfaitement enseignée par les meilleurs professeurs,
démontrée rigoureusement par des conférences
et des expériences et où ses applications bien-
faisantes seront correctement définies et inter-
prétées. » — Le docteur Charcot a employé
l'hypnotisme à la place des anesthésiques et a
réussi une dangereuse opération sur un malade
hypnotisé dont le cœur, trop faible, ne permet-

tait pas que l'on fît usage du chloroforme. — Le docteur Grillot s'en sert pour des *guérisons morales* : il infuse hypnotiquement l'honnêteté à des personnes qui en sont dépourvues. Hypnotiquement encore le Révérend Arthur Tooth guérit la dipsomanie et soulage la douleur.

A tous ces phénomènes se mêlent ceux de la double conscience dont maint exemple est relaté dans les ouvrages de médecine. Ici, dans certains cas, c'est une double vie que mène le sujet ; nul souvenir de l'une de ses existences ne le suit dans l'autre et chacune d'elles se renoue et continue au point précis où l'interrompit le dernier changement d'état. Avec un seul cerveau pour agir, comment expliquer cette dualité de la conscience ? De même, les hallucinations, les visions de toute espèce ne me paraissent pouvoir relever d'aucune hypothèse purement matérialiste. « Matière et Mouvement » ne suffisent point à rendre compte de ces phénomène du Monde psychique.

Autre incohérence psychologique dans l'explication du Rêve. Si la pensée n'est que le résultat de la vibration moléculaire, comment, en de certains rêves, de nombreux événements qui se succèdent et de longs raisonnements peuvent-ils n'occuper en réalité qu'une fraction presque in-

divisible du temps ? Le temps et l'espace, je le
rappelle encore au lecteur, ne gouvernent-ils
pas tout ce qui est vibrations ? Des pensées qui
se succèdent impliquent forcément des vibrations qui se succèdent, dans l'hypothèse matérialiste. Or les vibrations exigent du temps. Et
pourtant des milliers de ces vibrations qui, pendant que nous sommes éveillés, rempliraient
des jours et des semaines, se tassent en une
seule seconde, quand nous rêvons !

Phénomènes d'un ordre tout à fait différent,
ces aptitudes qui se manifestent sans qu'aucune
cause suffisant à les expliquer puisse être décou-
verte ! Les enfants prodiges, comme Hofmann
et bien d'autres, d'où viennent-ils ? Nous savons
comment est fait le cerveau d'un très jeune
enfant et cela nous donne le droit de conclure
que le jeune Hofmann n'a pas eu le temps d'acquérir d'une manière ordinaire ce qui lui permet
d'improviser avec tant de discernement scientifique. — « Génie », disons-nous avec notre habi-
tude de prétendre expliquer toute chose au
moyen d'un mot, « Génie » ! Mais comment le
Matérialisme, qui tient que la matière enfante la
pensée, comment le Matérialisme trouvera-t-il
dans le cerveau nouvellement formé de cet
enfant les modifications indispensables à la pro-

duction de telles mélodies ? Et quand une fille
de ferme, ignare à l'état de veille, parle hébreu
durant son sommeil, comment devrons-nous
envisager son encéphale, du point de vue matérialiste ? Ou quand encore le jeune calculateur
donne la solution de problèmes compliqués
avant presque que les mots se soient envolés
des lèvres qui l'interrogent, comment font les
cellules pour accomplir leur tâche ? Enigme qui
devient de plus en plus difficile à résoudre
quand nous découvrons que la suractivité circu-
latoire et les autres phénomènes qui normalement accompagnent l'activité cérébrale ne se
produisent point ici.

Voilà seulement quelques problèmes parmi
beaucoup d'autres, mais ils sont un échantillon
du lot. Pour plusieurs d'entre nous ces questions
sont d'un suprême intérêt parce qu'elles ouvrent,
semble-t-il, de nouveaux champs à la pensée,
qu'elles font songer à de nouvelles possibilités
de développement et qu'elles montrent enfin à
l'humanité de nouveaux sommets à escalader.
Nous ne croyons pas que les Forces évolutives
soient épuisées. Nous ne croyons pas que le livre
du Progrès soit clos. Lorsque jadis un nouveau
sens se développait en nous, ses premiers renseignements durent être bien confus, souvent

bien trompeurs et parfois même sans doute bien
ridicules; ils n'en étaient pas moins une promesse
d'avenir, germe d'une faculté plus haute ! Eh
bien ! aujourd'hui, un nouveau sens ne peut-il
être en voie d'évolution ; duquel les mille manifestations anormales qui nous entourent seraient
une sorte de prélude ? Qui donc, le passé der-
rière soi, oserait dire : « C'est impossible ! » et
qui oserait blâmer ceux dont l'âpre ambition de
savoir n'est peut-être qu'un premier effort de l'Esprit Humain qui veut monter vers quelque plus
haute région ?

La Société Théosophique.

Avant d'exposer la méthode conseillée dans
l'enseignement théosophique pour obtenir que
nous soyons éclairés sur les points dont il vient
d'être question ; avant même d'esquisser le tableau
de l'Univers tel qu'il est peint par la Science oc-
culte, il peut être bon de dissiper certaines erreurs de jugement relatives à la Société Théosophique, puisque mon adhésion à cette Société
fit pleuvoir sur ma pauvre tête de si terribles re-

proches. Et d'abord quels sont les buts pour-
suivis par la Société ?

Ils sont au nombre de trois et quiconque demande à être admis dans la Société doit en ap-
prouver le premier :

1° Etre le noyau d'une Fraternité universelle ;

2° Provoquer l'étude des littératures, religions
et sciences aryennes et orientales ;

3° Étudier les lois inexpliquées de la nature et
les pouvoirs psychiques latents dans l'homme.

Rien de plus ! Pas un mot sur quelque forme
de croyance que ce soit. Nulle obligation d'envisager l'univers ou l'homme de telle ou telle
manière. Sur les Mahatmas, les cycles, le Karma
ou toute autre chose, rien ! Athée et Théiste,
Chrétien et Hindou, Mahométan et Séculariste,
tous peuvent se rencontrer sur cet unique et
vaste terrain et nul n'est en droit d'y regarder de
travers son voisin.

A cette question : « Pourquoi êtes-vous entrée
dans la Société ? » la réponse est très simple. Il est
grand besoin, me semble-t-il, au milieu de notre
civilisation *disfraternelle* et anti-sociale, que l'on
pose l'affirmation d'une fraternité aussi vaste que
l'Humanité elle-même. Que ce ne soit encore
qu'un sublime Idéal, j'y consens. Mais il est bon
qu'un tel Idéal soit dressé devant les yeux des

hommes. Il y a plus : qui affirme ce but, qui essaie d'y conformer sa vie, fait quelque chose, si peu que ce soit, pour hausser le genre humain vers la réalisation de cet Idéal, pour hâter la venue de ce Jour de l'Homme.

En outre, le troisième objet de la Société m'attire beaucoup. Le désir de savoir est implanté profondément au cœur de tout chercheur assidu, et durant des années le besoin m'obséda de découvrir les forces qui dorment cachées en nous et autour de nous. Je ne puis voir là rien qui ne soit digne d'un libre-penseur, rien dont un chercheur de vérité doive rougir. Nous poursuivons la Vérité, « We seek for Truth ». Telle est la devise de la Société Nationale Séculariste et cette devise pour moi n'est pas de celles que la bouche seule prononce.

En outre, on n'est pas lié par la qualité de membre de la Société théosophique. Sans avoir à craindre les objections ou même les questions de qui que ce soit, on peut demeurer fidèle à ses vues religieuses ou anti-religieuses d'autrefois. On peut, il est vrai, étudier si on le veut la Théosophie et devenir Théosophiste ; mais cela est au-dessus et au delà de la simple qualité de membre de la Société. Ce fait, bien connu de tous nos adhérents, prouve combien il était

injuste de taxer Mme Blavatsky d'inconséquence
parce qu'elle avait déclaré que rien ne pouvait
empêcher M. Bradlaugh d'entrer dans la Société
Théosophique. Rien dans nos aspirations ne
peut éloigner de nous quiconque croit (comme
font, je pense, tous les Athées) à la Fraternité
humaine.

Tandis que l'on est en train d'imprimer cette
brochure, on me communique d'Amérique une
curieuse décision de justice relativement aux sta-
tuts de la Société. Une de nos branches, à Saint-
Louis, demandait à être légalement reconnue,
et, selon la coutume, la Cour de justice, avant de
prononcer un arrêt, devait recevoir de l'un de
ses propres magistrats un rapport basé sur des
témoignages sérieux et recueillis sous la foi du
serment.

Ce rapport conclut que la Société ne formait
pas une organisation religieuse mais plutôt une
sorte de corps enseignant; qu'elle n'avait point
de credo religieux et ne pratiquait aucun culte.
« En ce qui touche le troisième objectif de la
Société, ajoutait-on, il faut ranger parmi les phénomènes étudiés: le Spiritisme, le Mesmérisme,
la Clairvoyance, la double vue, la lecture mentale et autres choses semblables. Je me suis ren-
seigné sur ces points et j'ai reconnu que, bien que

la foi en aucune sorte de ces manifestations ne
soit exigée, et bien que chaque membre de la Société soit libre de professer à ce sujet telle ou telle
opinion, néanmoins ces matières forment un sujet
ordinaire de recherches et de conversations et
que dans leur ensemble les membres de cette
Société croient vraisemblablement à des phénomènes qui sont anormaux et à des pouvoirs qui
sont *supra-humains*, dans l'état actuel de notre
science. » Peut-être les Matérialistes, qui furent
si prompts à m'attribuer des croyances que je
n'ai jamais eues, même en rêve, peut-être ces
matérialistes voudront-ils bien s'incliner devant
un tel arrêt d'une cour de justice, puisqu'ils
ne veulent pas accepter mon propre témoignage
en ce qui concerne les conditions d'entrée dans la
Société Théosophique. L'extraordinaire empresse-
ment que ces messieurs ont mis à tirer des
conclusions qui m'étaient défavorables et à
s'élever longuement contre moi me causa une
désillusion excessivement pénible, car je me
figurais que des libre-penseurs comme eux seraient moins injustes et bigots que les chrétiens
des sectes ordinaires.

Le rapport continue en ces termes : « Qu'il
puisse ou ne puisse pas être atteint, l'objectif de
cette Société est incontestablement digne d'élo-

ges. Admettant qu'il existe des phénomènes physiques et psychiques non expliqués, la Théosophie en recherche l'explication. Admettant qu'il existe des pouvoirs latents encore dans l'homme, elle cherche à les découvrir.

« Quant à une tentative comme celle de l'Occultisme, lequel affirme que nous possédons des pouvoirs considérés généralement comme surnaturels, je ne pense pas que la Cour ait pour mission de trancher judiciairement la question de vérité et à déclarer que de telles prétentions sont justifiées ou erronées ; mais néanmoins il me semble qu'avant d'accorder à l'Occultisme la plus petite faveur, il faudrait savoir tout au moins si cette doctrine mérite quelque considération ou si ses tenants ne sont que des hommes d'étroite intelligence, d'esprit faible et d'une crédulité qui ne rejette aucune pâture. J'ai donc recueilli des témoignages sur ce point et trouvé que nombre de *gentlemen* éminents par leur science, dans les différents pays de l'Europe et aussi dans le nôtre, croient à l'Occultisme... Feu le président Wayland, de Brown-University, traitant des opérations anormales de l'esprit telles qu'on les observe dans l'état de clairvoyance, s'exprime en ces termes : « Le sujet

« me semble bien digne des investigations les
« plus actives et les plus loyales. Il ne mérite au-
« cunement d'être tourné en ridicule, mais il ré-
« clame au contraire l'attention la plus philoso-
« phique des chercheurs. » Sir William Hamilton,
probablement le plus pénétrant et à coup sûr le
plus érudit des métaphysiciens anglais qui aient
jamais vécu, a dit, il y a trente ans au moins :
« Si étonnant que cela soit, il est prouvé main-
« tenant, il est hors de doute — de doute raison-
« nable — que dans certains états anormaux du
« système nerveux, les perceptions sont possibles
« autrement que par le canal ordinaire des sens. »
De tels témoignages confèrent à la Théosophie
le droit au respect. Maintenant, que par le labeur
de l'avenir elle transforme en vérités complètes
de partielles vérités; qu'elle puisse éliminer ses
exagérations et ses impuretés, si elle en contient; ce sont là questions sur lesquelles probablement la Cour ne se sentira pas appelée à
conclure. »

A la suite de ce rapport officiel, une *Charte
d'incorporation* fut accordée et quelques personnes sans doute, à la lecture de cette décision
sérieusement motivée, réfléchiront avant de se
mêler à la clameur ignorante de ceux qui m'ac-
cusèrent de *superstition* lorsque j'adhérai à la

Société Théosophique. Il n'est pas une vérité nouvelle qui ne soit venue au monde au milieu des cris de haine ; mais ce n'est pas aux libre-penseurs à grossir la masse de ceux qui récriminent, ni à s'allier avec les forces de l'obscurantisme pour discréditer les recherches que nous entreprenons dans le domaine de la nature.

Théosophie.

On peut affirmer toutefois que la plupart de ceux qui entrent dans la Société, y entrent parce qu'ils ont quelque sympathie pour les enseignements théosophiques et quelque espérance de voir tomber un peu plus de lumière sur les problèmes dont ils sont préoccupés. De tels membres deviennent des étudiants en théosophie et plus tard peuvent devenir des théosophes.

La première chose qu'ils apprennent, c'est que toute idée de l'existence du surnaturel doit être abandonnée. Quelques forces que voile l'Univers en général ou l'homme en particulier, ces forces sont entièrement naturelles. *Le miracle n'existe pas*. On peut rencontrer des phénomènes extraordinaires et qui semblent

2.

inexplicables; néanmoins ils obéissent à la loi et seule notre ignorance nous les fait paraître merveilleux. Cette négation du surnaturel, c'est le seuil même de la Théosophie. Du supra-sensible, du surhumain, oui. Du surnaturel, non.

Et à ce sujet que l'on me permette une courte digression. Quelques étudiants tombent vite dans le découragement parce qu'ils ont abordé l'étude de la Théosophie avec l'idée (semée en eux par les religions dogmatiques) que des pouvoirs surnaturels peuvent être acquis promptement et d'une manière en quelque sorte illimitée. Nous verrons que la Théosophie proclame l'existence de pouvoirs supérieurs à ceux que l'homme exerce normalement. Elle proclame, en outre, que ces pouvoirs peuvent être développés. Mais on ne saurait les acquérir tout d'un coup, précisément parce qu'ils n'ont rien de miraculeux ni de surnaturel. Un étudiant en mathématiques ne résoudra pas un problème de calcul différentiel aussi facilement que la simple équation dont il a réussi à se tirer. Il en va de même pour l'étudiant théosophiste. De s'être assimilé quelques pages de la *Doctrine Secrète* ne suffira pas à lui conférer l'usage des pouvoirs occultes. Un commençant peut rencontrer une personne qui parfois, dans sa vie ordinaire, manifeste des facultés

anormales, développées en elle d'une manière
toute simple et spontanée. Quant à lui, qu'il lise
et relise son A B C... et voue son âme à la
patience.

Le second point à inculquer à l'étudiant, c'est
la négation d'un Dieu personnel. De là vient
(Mme Blavatsky l'a fait observer) que les Agnos-
tiques et les Athées s'assimilent plus facilement
les enseignements théosophiques que ne peuvent
le faire les hommes qui croient à des dogmes
formels. La théologie théosophique est panthéiste : « Dieu est tout et tout est Dieu. »

« Ce qui est dissous, c'est cela, c'est le *double*
« et illusoire aspect de *Cela*, dont l'essence est
« éternellement Une, ce que nous appelons la
« Matière éternelle ou la Substance, sans forme,
« sans sexe, inconcevable même pour notre
« sixième sens ou esprit; et dans lequel, par
« conséquent, nous refusons de voir ce que les
« Monothéistes appellent un Dieu personnel ou
« anthropomorphe. » (*Doctrine Secrète*, t. II,
p. 3o3).

Voici la question essentielle : « Qu'y a-t-il à
la racine de toutes choses ? » Une force aveugle
et de la « matière » ou une existence qui se manifeste sous forme d' «intelligence», pour employer
un mot parfaitement impropre ?

L'univers est-il construit par agrégation de matière, mû par des forces inconscientes et finalement évolue-t-il l'esprit comme une fonction de la matière ou bien cet esprit est-il un déploiement de la Vie divine agissant dans la forme de toute chose vivante ou non vivante ? Est-ce la Non-Vie ou bien la Vie, qui dort au cœur des choses ? L'esprit est-il une fleur de la matière ou la matière une cristallisation de l'esprit ? La Théosophie accepte le second terme de chacune de ces alternatives, et cela, entre autres raisons, parce que le Matérialisme ne résout aucun des problèmes psychologiques dont j'ai fourni plus haut quelques échantillons. Il n'en est pas de même du Panthéisme, et l'hypothèse qui embrasse le plus grand nombre de faits a aussi le plus de droits à se faire accepter. Sur le plan matériel, la Science matérialiste résout mainte question et promet d'en résoudre encore davantage ; sur le plan spirituel, elle s'arrête impuissante et murmure sans cesse : Insoluble ! Inconnaissable ! — De plus, si vous placez l'intelligence à la source de toutes choses, les facultés évoluées et les facultés naissantes de l'esprit humain passent au rang des choses intelligibles en soi, de celles que l'on peut étudier avec l'espoir de les comprendre un jour. En tout cas, là où le Matérialisme reconnaît son impuissance, nul blâme ne peut être adressé à l'étudiant s'il lui plaît de chercher une autre méthode pour la solution du problème et s'il veut expérimenter celles qui lui sont offertes par des gens qui prétendent l'avoir résolu, par des hommes qui démontrent, preuves en main, que leur science des lois de la nature, dans le domaine de la psychologie, comme dans les autres domaines, est d'ordre supérieur.

Mais si intéressée que soit la Théosophie au triomphe de l'hypothèse panthéiste, il n'est pas nécessaire de défendre plus longtemps cette doctrine. Le Panthéisme pour qui mourut Bruno et combattit Spinoza n'a pas besoin de justifier son existence dans le monde intellectuel.

Comme toute autre théorie analogue, soit scientifique ou religieuse, la Cosmogonie qui est présentée à l'étudiant théosophiste, lui est présentée sous la garantie de certaines individualités. Mais quoique toutes les hypothèses soient toujours présentées par des hommes, il y a une différence énorme entre le langage du prêtre et celui du professeur. L'un veut que l'on se confie sans contrôle à son autorité. L'autre soumet son autorité aux vérifications. « Crois ou sois damné », dit le premier. « Tu dois avoir la foi. » Le second dit : « C'est ainsi que sont les choses.

Je les ai étudiées et vérifiées. Beaucoup de mes preuves ne sont pas à la portée de votre ignorance actuelle et je ne peux même pas vous les rendre intelligibles ; mais si vous voulez bien étudier comme j'ai étudié moi-même, vous pourrez découvrir par vous-mêmes et vérifier l'exactitude de mes affirmations ».

La théorie théosophique de l'Univers rentre dans cette dernière catégorie. On ne demande pas à l'étudiant de l'accepter avant de la pouvoir vérifier. Que s'il préfère se contenter des affirmations de ses maîtres jusqu'à l'épanouissement de ses facultés personnelles de recherche, il peut accepter la doctrine en y conformant savie. Alors il progressera plus vite que dans le premier cas, mais c'est à lui de choisir et sa liberté reste complète.

J'ai parlé de « ses maîtres » et il est bon d'expliquer tout de suite cette phrase. Ces maîtres appartiennent à une Fraternité d'hommes de divers pays, qui ont consacré leur vie à l'étude de l'Occultisme et ont développé en eux certaines facultés restées latentes jusqu'à ce jour chez les hommes ordinaires. Sur de tels sujets, et par exemple sur la constitution secrète, intime de l'homme, ils sont en droit de parler savamment, comme Huxley pourrait le faire sur l'anatomie humaine — et pour la même raison : ils l'ont étudiée. Ainsi, par exemple, à propos de l'existence de divers types d'êtres vivants, inconnus de nous, ils affirment qu'ils les voient et les connaissent comme nous voyons et connaissons les espèces dont nous sommes entourés. Ils disent en outre qu'ils peuvent *entraîner* d'autres hommes et d'autres femmes et leur apprendre à acquérir des pouvoirs semblables. Ils ne peuvent pas *donner* les pouvoirs ; ils peuvent seulement aider leur prochain à les développer, car ils font partie, ces pouvoirs, de la nature humaine ; ils doivent être *évolués* du dedans avec elle et non pas *conférés* du dehors.

Maintenant il est évident que les enseignements de la Théosophie pourraient être présentés au monde de manière absolue et indépendante de toutes circonstances extérieures. Mais comme, dans la pratique, ils se mêlent à une foule de questions de fait, on devra, pour les accepter ou les rejeter en toute connaissance de cause, examiner sur quelles preuves ils s'appuient et, au début même il sera très utile de pouvoir apprécier la compétence des personnes qui se chargent d'un tel enseignement. Que ces maîtres existent et qu'ils possèdent des pouvoirs supérieurs à ceux qu'exercent les personnes ordinaires, voilà ce qui devient alors d'une importance

capitale. Ces pouvoirs, s'ils devaient être considérés comme miraculeux ou bien s'ils étaient
sans rapport avec les questions qui font l'objet
de l'enseignement des maîtres, je ne pourrais
leur attribuer aucune valeur probante ; mais
s'ils reposent au contraire sur l'exactitude des
vues énoncées et la démontrent, alors ils deviennent probants jusqu'à l'évidence ; de même que
les expériences d'un habile électricien expliquent
ses vues et confirment ses théories.

Avant d'aller plus loin, nous sommes donc
fondés à demander : Ces maîtres existent-ils
réellement et possèdent-ils ces pouvoirs exceptionnels (exceptionnels pour le moment) ?

A ces questions, diverses catégories de personnes nous répondront avec une autorité di-
verse. Ceux qui ont vu les maîtres hindous chez
eux, dans leur propre pays, qui ont causé avec
eux, se sont fait instruire par eux, ont corres-
pondu avec eux, ceux-là naturellement ne dou-
tent pas plus de leur existence que de celle
de toutes les autres personnes qu'ils ont ren-
contrées. Les chercheurs que cette question
intéresse peuvent voir les personnes dont je
viens de parler, les interroger scrupuleusement,
se faire renseigner par elles et fonder leur jugement sur ce qui leur sera dit de la sorte.

Beaucoup de gens (et j'en suis) croient ainsi à l'existence des maîtres sur des preuves de seconde main, c'est-à-dire sur le témoignage de ceux qui les connaissent personnellement. Et l'on doit trouver qu'un tel genre de preuves est singulièrement corroboré lorsque l'on constate chez les personnes qui prétendent avoir été instruites et dirigées par ces « maîtres » un usage quotidien et pour ainsi dire naturel de facultés tout à fait anormales.

Une mystification soutenue des mois durant, sans aucune défaillance, à travers tous les petits détails de la vie journalière, sans forfanterie ni dissimulation, cela n'est pas une hypothèse défendable. Elle devient même grotesque, cette hypothèse, pour quiconque a pu dans une familière intimité observer le caractère prompt, impulsif, ouvert de Mme Blavatsky que l'on a tant exploitée et si peu connue. Franche comme un enfant sur tout ce qui la concernait, elle parlait de ses expériences, de ses erreurs, de ses aventures avec un naïf abandon qui forçait de croire à sa véracité. (Je parle naturellement de ce qu'elle est au milieu de ses amis ; devant des étrangers elle sait se montrer assez silencieuse et *secrète*.)

Il faut ajouter que tout étudiant sérieux reçoit

3

tôt ou tard une preuve personnelle de l'existence
de ces maîtres; de même que dans toutes les autres sciences, le chercheur, au bout d'un certain
temps, peut obtenir une démonstration positive
des faits qu'il apprit d'abord de seconde main. Au
surplus les hommes qui se croient certains de
tout connaître et sont assurés que rien n'existe
dont ils ne soient informés, ceux-là peuvent
contester l'existence de ces maîtres et soutenir
aussi opiniâtrement qu'ils voudront que ce n'est
là qu'un rêve, une fantaisie. « Les maîtres » (ainsi
les nomment les étudiants théosophistes), les
maîtres ne sont point si jaloux d'être connus ou
reconnus; ils ne s'irritent pas, comme le Dieu
orthodoxe, contre quiconque nie leur existence.
Si douloureux que cela puisse paraître à la
suffisance du dix-neuvième siècle, il ne leur
importe aucunement que notre époque affirme
qu'ils n'existent pas et ils ne sont point avides
de prouver à tous et aux autres qu'ils vivent
réellement. Qu'il reste bien entendu, par
exemple, que ces maîtres n'ont rien de surnaturel
en eux. Ce sont des hommes qui se sont voués
à l'étude d'une question particulière, qui, sur
cette question, sont devenus des « Maîtres » (les
Hindous les appellent Mahatmas, c'est-à-dire
Grandes Ames) et qui, parce qu'ils savent, peu-

vent faire des choses que les gens ignorants
sont incapables d'accomplir.

De ces Maîtres, donc, disent les Théosophes,
nous tirons nos enseignements, et vous trouve-
rez, si vous considérez ces enseignements, qu'ils
éclairent l'homme sur sa nature et le dirigent
dans un sentier qui mène à une vie plus haute.
Suivant la Théosophie, l'homme est un être com-
plexe. Une étincelle de l'Esprit Universel est
emprisonnée dans son corps comme la flamme
dans une lampe. La *Triade supérieure* est con-
stituée dans l'homme par cette étincelle de l'Esprit Universel, par son véhicule, l'esprit humain
et par le principe rationnel : l'intelligence ou les
pouvoirs intellectuels. *Cela* est immortel, indestructible, et se sert du Quaternaire inférieur
(le corps avec sa vie animale, ses passions et ses
appétits) comme de sa demeure et de son organe.

Nous arrivons ainsi à la fameuse division
septénaire, ou aux « sept principes » de l'homme :
Atma, l'esprit universel ; Buddhi, l'esprit humain ; Manas, l'âme rationnelle ; Kamarupa,
l'âme animale avec ses appétits et ses passions ;
Prana, la vitalité ou le principe de la vie;
Linga Sharira, le véhicule de cette vie ; Rupa,
le corps physique. La Théosophie nous apprend

que la Triade supérieure et le Quaternaire inférieur peuvent se séparer non seulement à
la mort mais aussi pendant la vie, tempo-
rairement; la partie intellectuelle de l'homme
abandonnant le corps et les principes attachés
au corps et apparaissant hors d'eux. C'est
l' « apparence astrale », dont on a beaucoup
parlé, et sa réalité, comme tout autre point
de fait, ne peut être affirmée que sur preuves.
Naturellement ceux qui ne savent rien de tout
cela tourneront en ridicule et traiteront de super-
stitieuse la croyance en ces choses. De telles gens
ou du moins leurs semblables ont accueilli de
la sorte jadis tout pouvoir nouvellement décou-
vert dans la nature. Ici encore, après un certain
temps, l'étudiant est gratifié d'une preuve
visible, et quand il a atteint un certain niveau,
il peut expérimenter lui-même ; en attendant, si
les témoignages de seconde main ne le conten-
tent point, nul ne le blâmera d'attendre, pour
croire, qu'il ait obtenu une preuve personnelle.

Pour qui considère l'homme de la sorte, la
clairvoyance et les phénomènes similaires deviennent intelligibles, la projection de l'intelligence
humaine pendant la *trance* du corps étant une
des séparations temporaires auxquelles j'ai fait
allusion. L'Ego, libre alors et affranchi des

entraves du corps physique, l'Ego échappe aux limites de temps et d'espace créées par notre conscience normale. Il est à remarquer que les sujets qui sortent de l'état d'hypnose ne gardent aucun souvenir de ce qui s'est passé durant leur sommeil. Cela veut dire que les épreuves auxquelles on les a soumis n'ont laissé aucune impression sur leurs organes physiques. Mais s'ils avaient vu ou entendu par le canal ordinaire des sens externes, il n'en pourrait plus aller ainsi, car alors l'activité cérébrale aurait laissé sa trace sur la matière cérébrale.

Si au contraire les épreuves tentées n'ont point ébranlé les sens physiques, il n'y a plus aucune raison d'en chercher une empreinte dans les centres nerveux sensoriels et ce que l'on doit conclure de l'expérience, tout simplement, c'est que, dans ces conditions, l'Ego est sans pouvoir pour imprimer sur la charpente physique le souvenir de ses actions. Tant que notre nature inférieure sera plus vigoureuse que notre nature supérieure, cette impuissance de l'Ego se prolongera et c'est seulement quand notre nature supérieure se sera développée et aura conquis la suprématie dans le composé humain, qu'elle pourra dès lors agir sur la conscience physique. A ce niveau d'évolution, atteint par nombre de personnes, les consciences (supérieure et inférieure) s'identifient et toutes deux collaborent harmonieusement sous le contrôle de la Volonté.

L'affaiblissement du corps par la maladie peut quelquefois amener, — mais d'une manière qu'il ne faut pas souhaiter, — une suprématie momentanée de l'Ego supérieur, et qui se traduit par cette acuité de perception que j'ai mentionnée page 16.

Pour obtenir normalement une telle hyperesthésie, sans risques pour la santé, il serait nécessaire d'affiner et de purifier l'organisme physique et cela, comme bien d'autres choses, peut être obtenu en temps voulu.

Sur l'existence de cette entité séparable du corps et indestructible, l'Ego, se fondent les doctrines de Réincarnation et de Karma. La Réincarnation — que des personnes ignorantes ont travestie en transmigration des âmes — la Réincarnation est la renaissance de l'Ego, tel que je l'ai défini plus haut, pour traverser une autre vie humaine sur la terre. Au cours de sa précédente incarnation il a acquis certaines facultés, mis en mouvement certaines causes. Les effets de ces causes et d'autres causes encore qu'il a créées en des incarnations antérieures et qui n'ont pas encore épuisé leur

puissance *causante*, voilà son Karma, voilà
ce qui détermine les conditions au milieu des-
quelles il renaît, — conditions que modifie
toutefois le Karma national, résultat de la vie
collective d'un peuple. Les facultés acquises au
cours des autres vies se manifestent dans celle-
ci et le génie, les facultés exceptionnelles de
toute espèce, science infuse, etc., s'expliquent
théosophiquement par cette théorie de la Réincarnation. Les enfants prodiges, les jeunes cal-
culateurs *et hoc genus omne* rentrent dans le
rang de façon toute naturelle au lieu de demeurer des phénomènes inexplicables. Au point de
vue théosophique, rien n'est perdu dans l'Uni
vers, nulle force ne s'éteint. Les facultés et les
capacités que nous avons péniblement acquises
durant les lentes années, ne périssent point à
notre mort. Quand, après un long sommeil, le
temps vient de renaître, l'Ego ne rentre point
comme un pauvre dans cette vie terrestre : c'est
avec le fruit de ses victoires passées qu'il
revient pour gravir un échelon de plus vers les
hauteurs.

D'après la nature même des choses, la seule
preuve de cette doctrine (en dehors de l'explication qu'elle fournit de faits qui seraient inexplicables autrement et d'où résulte pour elle au

moins une probabilité — si l'existence humaine
a quelque raison d'être) la seule preuve de cette
doctrine, dis-je, nous ne pouvons la trouver, si
elle existe, que dans l'avenir. Les Maîtres l'affirment, de connaissance personnelle, ayant atteint
le point où peut revivre le souvenir des incarnations antérieures. La doctrine nous vient revê-
tue de leur seule autorité ! Chacun peut l'accepter où la rejeter selon qu'elle satisfait ou choque
sa raison.

De même il est impossible de démontrer
le fonctionnement de la loi de Karma comme un
théorème de mathématiques. Cette loi, le colo-
nel Olcott l'a définie de la sorte : loi de causalité éthique. Les Théosophes affirment que
l'homme n'engrange moisson que de ses se-
mailles et que tout acte doit inévitablement
(quoique non toujours immédiatement) sortir
son plein et entier effet. Nous pouvons d'ailleurs conclure à cette loi, par analogie, du monde
physique au monde mental et moral. Chacune
des forces du plan physique produit son effet
particulier et quand de nombreuses forces s'en-
trecroisent, chacune n'en produit pas moins tout
son effet. Puisque l'Univers est un, nous pouvons raisonnablement admettre que des lois
semblables régissent les plans supérieurs. Karma

est une de ces lois. Maintenant, qu'il soit difficile de déterminer son fonctionnement exact
dans un cas particulier, cela résulte de la nature
même des choses. Quand nous voyons un corps
se mouvoir suivant une direction donnée, nous
savons que la trajectoire qu'il parcourt est la
résultante de toutes les forces qui l'ont sollicité ;
mais cette résultante peut être le produit de
mille combinaisons diverses des forces élémentaires qui la constituent ; et faute de connaître
l'histoire complète de chacune de celles-ci, nous
ne pouvons choisir entre les diverses combinaisons et dire : ce sont particulièrement telles et
telles impulsions qui sont en jeu. Comment donc
espérer d'accomplir un pareil tour de force dans
l'entrecroisement plus inextricable encore de
toutes les causes karmiques qui aboutissent à
déterminer dans quel milieu et avec quel caractère se réincarnera un individu ? On peut énoncer
le principe général, mais nous n'avons pas
ce qu'il faudrait pour analyser dans ses détails
un cas particulier.

Un de mes critiques me demande maintenant
comment je puis concilier Karma et le Socialisme. Il prétend que les socialistes et « quiconque cherche à réformer la société luttent
contro le Karma. » Nullement et en aucune

3.

façon. Amener des forces jeunes à améliorer le
présent, ce n'est pas contester qu'il soit un
résultat de causes anciennes; c'est mettre en
action de nouvelles causes pour modifier ce présent et *changer* l'avenir. Que la pauvreté, la
misère, le malheur d'aujourd'hui découlent du
mal passé, non seulement cela se peut, mais tout
esprit scientifique doit l'admettre, qu'il use
ou non du terme de Karma; mais ce n'est point
une raison pour ne pas employer des forces de
sagesse et d'amour à créer un bon Karma
pour l'avenir au lieu de continuer à en créer un
mauvais. Par chacune de nos actions nous
modifions l'état actuel des choses, nous mode-
lons le futur. De ce que le passé nous laissa un
si déplorable héritage il ne résulte pour nous que
la nécessité d'un plus énergique effort. Rappelons-
nous que Karma n'est point une Divinité personnelle contre laquelle on peut croire sacrilège de
lutter. Ce n'est qu'une loi, comme les autres lois
de la nature, que nous ne saurions violer, même
si nous le voulions. Cette loi ne nous empêche
pas plus d'aider les hommes nos frères que la
loi de gravitation ne nous empêche de monter
un escalier. Nous ne pouvons empêcher un
homme de ressentir une douleur physique s'il se
casse la jambe, mais la loi de nature par

laquelle toute lésion d'une partie sensible est douloureuse ne nous interdit point de soigner le malade et de soulager sa douleur autant que nous le pouvons. Il nous est impossible de préserver un homme des effets de la loi karmique ; mais essayer d'adoucir sa peine, tenter surtout de mettre un terme aux causes qui continuellement produisent d'aussi tristes résultats, qu'est-ce donc qui nous en empêcherait ? Peut-on nier qu'autour de nous tout soit l'effet de causes passées ? Ou dira-t-on que, par suite de la loi de causalité, nous ne pouvons que nous asseoir, les bras croisés, devant le mal ? Voici, à ce qu'il me semble, la vraie manière de voir. Puisque l'état actuel n'est que le produit des activités passées, de même l'état futur sera le résultat de nos activités présentes, et ce que nous devons faire, c'est de nous consacrer, dans toute la mesure de nos forces, à semer des causes capables de générer de meilleurs effets (1).

La croyance au Karma nous détourne des lamentations stériles et paresseuses sur le passé. Elle nous fait accepter dignement, virilement, l'inévitable souffrance. Elle hausse notre cœur et

_____

(1) Voir un article du même auteur (*Karma et Amélioration Sociale*) dans le *Lucifer* du mois d'Août 1889. La question s'y trouve plus complètement développée.

lui permet d'accomplir les efforts nécessaires à l'amélioration du présent et de l'avenir.

N'oublions pas que le courage dans l'affliction, l'amour, le généreux dévouement aux autres, ne sont que des fruits karmiques, effets de causes passées et causes eux-mêmes d'effets à venir. Le dévot, dans son espoir d'échapper aux conséquences de ses fautes par la porte dérobée des réparations ecclésiastiques, peut s'effrayer du texte sévère de la loi de Karma. Mais le Séculariste, qui croit au règne de la loi en général, ne peut avoir nulle discussion sur ce point avec le Théosophe. La divergence des vues ne peut se produire que lorsque ce dernier déclare : « Vous devez payer jusqu'au dernier centime de votre dette *soit dans cette vie soit dans une vie suivante.* » Le séculariste non théosophe considère que la mort acquitte toutes les dettes. Pour le Théosophe, au contraire, la mort ne fait que suspendre le paiement ; le solde entier de la créance est présenté au successeur de l'homme mort, et ce successeur n'est autre que lui-même dans un nouveau vêtement.

La Théosophie nous enseigne de plus que l'homme peut développer en lui par des moyens appropriés, non seulement les qualités psychiques dont les manifestations anormales men-

tionnées plus haut donnent quelque idée,
mais aussi un pouvoir sur la matière infiniment
plus considérable que celui dont nous jouis-
sons à cette heure et des *possibilités* psychiques auxquelles tout ce que nous entrevoyons
maintenant ne saurait pas plus être comparé
que les facultés d'un enfant en bas âge à celles
d'un homme fait. Dans l'évolution lente de la race
humaine ces qualités se développeront d'elles-
mêmes; mais elles peuvent aussi être pour ainsi
dire « forcées comme fruits en serre » par quiconque se résout à employer la méthode voulue.
Et ici intervient l'ascétisme contre lequel un de
mes critiques, M. Foote, proteste si véhémente-
ment. L'acceptation du célibat par un individu,
en vue d'un but déterminé, déclare-t-il, implique
que « le Mariage n'est plus qu'une simple con-
cession à la faiblesse humaine, mais que la perfec-
tion conseille le célibat. Les noms sacrés d'époux
et d'épouse, de père et de mère doivent être dé-
trônés comme des usurpateurs. Tout au plus
peut-on les tolérer. Et ne nous répondez pas que
le célibat n'est que pour le *cercle intérieur*. S'il
constitue la plus haute règle de vie, tous doivent
y tendre ».

Avec tout le respect que je lui dois, M. Foote
me permettra d'observer que son indignation

bruyante donne un peu l'impression d'un coup
de tam-tam. Peut-être est-elle bien calculée pour
impressionner les philistins anglais, lecteurs
habituels de M. Matthieu Arnold; mais que
l'on se rassure. Personne ne songe à détrôner
comme usurpateur aucun nom, sacré ou non
sacré. Sans doute, après l'effroyable objurgation
de M. Foote, il peut sembler un peu mesquin de
l'avouer, mais tout ce que disent les Théosophes, c'est que, si vous voulez obtenir telle chose
déterminée, vous devez y employer tels moyens
déterminés, de même que, par exemple si vous
voulez traverser à la nage un cours d'eau rapide,
il vous faut quitter votre paletot. « Mais si cette
chose est bonne, tout le monde ne doit-il pas
l'entreprendre? — Pas nécessairement. La mu-
sique est une très bonne chose, mais ce serait
folie pour moi que de la travailler huit heures par
jour si je n'ai que de faibles dispositions. Très
musicienne au contraire et désireuse de devenir
une grande artiste, je devrai sacrifier à cette
étude beaucoup des joies ordinaires de la vie. Il
n'en résulte pas que garçons et filles, tous, sans
exception, devront monter des gammes à per-
pétuité sans considérer aucun des devoirs de
l'existence et sans jeter le plus petit regard sur
aucune autre chose ici-bas. Une seule personne

seulement sur des millions peut-être possède les capacités requises pour ce développement intensif auquel j'ai fait allusion, et le célibat est un des moindres sacrifices qui seront imposés à cette unique personne avant qu'elle obtienne le résultat cherché. Comme les autres génies, le génie spirituel veut être obéi; mais nul n'a lieu de redouter qu'il devienne trop commun et la Théosophie ne recommande pas le célibat à qui n'est point enflammé du feu sacré.

Je devrais peut-être, en passant, dire un mot de ce pouvoir sur la matière que j'ai mentionné plus haut. Les « phénomènes » auquel le nom de Mme Blavatsky a été associé ont soulevé une tempête tout à fait hors de proportion avec leur importance; et maintes personnes affirment que nous les donnons pour des miracles ou une forme de « manifestations spiritualistes ». L'amertume des attaques dirigées par les Spirites contre Mme Blavatsky devrait convaincre les gens impartiaux qu'entre elle et les Spirites il y a peu d'affinité. En fait elle visait le plus souvent, comme elle l'a dit elle-même, à montrer que sans « esprits » et en pleine lumière, par la seule utilisation de forces naturelles, on pouvait obtenir des résultats beaucoup plus remarquables que n'en obtiennent dans l'obscu-

rité les « Spirites ». Tout ce qu'elle affirmait c'est
que, connaissant mieux que ceux qui l'entou-
raient les forces de la Nature, elle pouvait accomplir des choses qui restaient pour eux impossi-
bles. Une bonne part de ses prétendus miracles
reposait simplement sur l'emploi de la force ma-
gnétique, force d'où la science extrait chaque
année une merveille de plus. Ce fluide qui, de
l'avis de tous, nous entoure et nous pénètre, nous
et les objets inanimés, Mme Blavatsky fut à
même de l'utiliser sans recourir à l'outillage que
la science réclame encore pour le manipuler. En
de certains autres phénomènes, illusoires ceux-
là, et qu'elle désignait sous le nom de *tours psychologiques*, elle opérait en quelque manière
sur le plan mental comme le prestidigitateur
opère sur le plan matériel et elle faisait voir
aux spectateurs non pas ce qui existait réellement mais ce qu'elle désirait qu'ils vissent.
D'autres phénomènes relevaient de la transmission de pensée. Un autre groupe, comprenant
les cas de dématérialisation et de reconstitution
d'objets matériels, est plus difficile à comprendre.
Tout ce que moi-même je peux en dire, c'est
que, lorsque je rencontre une personne menant
une vie pure et des plus laborieuses; que cette
personne exerce un pouvoir que je ne possède

pas mais qu'elle affirme n'être qu'une consé-
quence absolument naturelle de lois connues
d'elle; je ne suis nullement disposée à crier :
mystification, charlatanerie, pour la seule raison que je ne comprends pas; non plus que je
ne le ferais devant une des merveilleuses expériences de Tyndall dont je ne comprendrais pas
le *modus operandi*.

Mais voici une grosse pierre d'achoppement
pour l'esprit des libre-penseurs ; certainement
elle va les indisposer contre la Théosophie,
car elle offre à nos détracteurs un facile sujet de
moquerie : c'est l'assertion qu'il existe sur notre
globe d'autres êtres vivants que l'homme et les
animaux qui nous sont connus. Les gens qui
tournent brusquement le dos et s'en vont quand
on affirme une telle chose, il serait bien peut-
être qu'ils s'arrêtassent pour se demander s'ils
croient réellement et sérieusement que dans tout
ce puissant univers où notre petite planète
occupe une place à peu près aussi importante
qu'un mince grain de sable au milieu du Sahara,
cette seule petite planète, la nôtre, est peuplée
d'êtres vivants. Tout cet univers ne parle-t-il
que par nos voix ? N'a-t-il d'yeux que les nôtres ?
Sans notre vie, serait-il mort ? On aurait pu se
contenter d'une croyance aussi ridicule dans les

temps où le Christianisme considérait notre globe comme le centre de l'Univers et la race humaine comme la seule pour qui le Créateur eût daigné mourir. Mais maintenant que nous avons pris conscience du rang que nous devons occuper au milieu d'innombrables myriades de mondes, quelle base donner à l'absurde prétention qui nous attribuait le monopole de la vie consciente ? La terre, l'air, l'eau fourmillent d'êtres vivants, adaptés au milieu qu'ils habitent; notre globe déborde de vie. Au moment où nous franchissons par la pensée les limites de notre atmosphère, faudra-t-il donc que tout soit changé ? La raison et l'analogie contredisent une telle supposition. Ce fut un des crimes de Giordano Bruno que d'avoir eu l'audace d'enseigner la pluralité des mondes habités ! Il était plus sage cependant que les moines qui le brûlèrent. Ce que le Théosophe affirme, c'est qu'à chaque forme de la matière correspond une série d'êtres vivants adaptés à cette forme de matière et que tout l'Univers palpite de vie. « Superstition », s'écrie le dévot. Non, ce n'est pas plus une superstition que de croire aux bactéries et à tous les autres êtres qui vivent mais restent inaccessibles à l'*œil ordinaire* de l'homme. « *Esprit* » est un mot trompeur puisqu'il a toujours été employé pour exprimer l'immatérialité et une sorte d'existence surnaturelle. Or, le théosophe n'admet ni l'une ni l'autre. Pour lui toute chose vivante agit à travers un substratum de matière, dans un substratum de matière. Jamais la matière et l'esprit ne se trouvent séparés. Seulement la matière existe en des états différents de ceux que la science a reconnus jusqu'à présent. Nier cela c'est, montrer à peu près autant de jugement que le prince hindou qui ne voulait pas croire à la glace parce qu'il n'avait jamais vu de l'eau se solidifier. Refuser créance jusqu'à ce que preuve soit faite, c'est rationnel ; mais nier tout ce qui est au delà de notre courte expérience personnelle, c'est absurde.

Aux membres de la Société Nationale Séculariste.

Un dernier mot à mes amis Sécularistes. Si vous me dites : « Sortez de nos rangs, » je sortirai de vos rangs. Je ne m'impose à aucun parti et du moment que je ne me sentirai pas désirée, je m'en irai (1). Il me fut assez pénible et douloureux d'avouer que le Matérialisme, duquel j'attendais tout, m'avait déçue, et, par un tel aveu, d'appeler sur moi la désapprobation de mes plus proches amis. Mais, comme à une autre époque de ma vie, maintenant encore je n'ose acheter la paix avec un mensonge. Une impérieuse nécessité m'oblige à dire la vérité comme je la vois, que mes paroles plaisent ou déplaisent, me vaillent des louanges ou du blâme. Dussé-je voir des amitiés me trahir et des liens humains se briser, il faut que je conserve sans tache ma fidélité au Vrai. La Vérité peut m'entraîner dans un désert : je l'y suivrai ; me séparer de tout amour : je la poursuivrai encore ; m'égarer même : je ne m'en confierai pas moins à elle, et je ne demande que cette épitaphe sur la pierre de mon tombeau : Elle essaya de suivre la Vérité.

(1) Je ne change rien à ces lignes écrites en 1889. L'année suivante je démissionnai de la Société Nationale Séculariste, sentant bien que cette association était trop inféodée au Matérialisme pour que ma place pût être là plus longtemps. Une autre rectification est à faire. Les lignes de la page 87 ont cessé d'être vraies en ce qui me concerne, depuis 1890. A partir de cette époque j'ai reçu des preuves de première main, c'est-à-dire personnelles.

SOCIÉTÉ THÉOSOPHIQUE

Quartier général : ADYAR, MADRAS.
Présidente : ANNIE BESANT.

SIÈGE DE LA SOCIÉTÉ THÉOSOPHIQUE

DE FRANCE

59, *avenue de La Bourdonnais, Paris.*

Buts de la société.

1° Former un noyau de fraternité dans l'humanité, sans distinction de sexe, de race, de rang ou de croyance.

2° Encourager l'étude des religions comparées, de la philosophie et de la science.

3° Etudier les lois inexpliquées de la nature et les pouvoirs latents dans l'homme.

L'adhésion au premier de ces buts est seule exigée de ceux qui veulent faire partie de la Société.

Pour tous renseignements s'adresser, selon le pays où l'on réside, à l'un ou l'autre des Secrétaires généraux des Sociétés nationales diverses dont voici les adresses :

France : 59, avenue de La Bourdonnais, Paris-VIIᵉ.
Angleterre : 106, New Bond street, Londres, W.
Pays-Bas : 76, Amsteldjik, Amsterdam.
Italie : 1, Corso Dogali, Gênes.
Scandinavie : 7, Engelbrechtsgatan, Stockholm.
Indes : Theosophical Society, Benarès, N. W. P.
Australie : 132, Phillip street, Sydney, N. S. W.
Nouvelle-Zélande : 351, Queen street, Auckland.
Allemagne : 17, Motzstrasse, Berlin, W.
Etats-Unis : 103, State street, Chicago.
Amérique centrale : Apartado, 365, La Havane. Cuba.
Hongrie : Andrassy-net. 70, Budapest.

Finlande : Pekka Ervast, Agelby.
Russie : Ivanovskaya, 22, Saint-Pétersbourg.
Bohème : Jan Bedrnick-Columsky, Prague.
Afrique du Sud : P. O. Box 1012, Johannesburg, Transvaal.
Écosse : 28, Great King street, Edimbourg.
Suisse : 7, Cour Saint-Pierre, Genève.

Agents présidentiels.

Pour *l'Espagne* : M. J. Xifré, 4, rue Aumont-Thiéville, Paris-XVII°.
Pour *l'Amérique du Sud* : M. F. Fernandès, 2927, Calle Cordoba, Buenos-Ayres.

ÉTUDE GRADUÉE

de l'Enseignement Théosophique

EXTRAIT DU CATALOGUE

Ouvrages élémentaires.

Ouvrages d'instruction générale.

Ouvrages d'instruction spéciale.

ANNIE BESANT. — Des Religions de l'Inde . . . . 4 fr »
C. W. LEADBEATER. — Le Plan astral 1 50
— Le Plan mental 1 50
— Le Credo chrétien 1 50
L. REVEL. — Vers la fraternité des Religions . . . 3 »
Docteur TH. PASCAL. — Les Lois de la Destinée . . 3 50
H.-P. BLAVATSKY. — Doctrine secrète (5 volumes
parus). Chaque volume . . . . 8 »

Ouvrages d'ordre éthique.

ANNIE BESANT. — Vers le Temple . . . . 2 fr »
— Le Sentier du Disciple . . . . 2 »
ALCYONE. — Aux pieds du Maître . . . . 2 »
H.-P. BLAVATSKY. — La Voix du Silence . . . . 1 »
— Premier pas sur le chemin de l'occultisme . . . 1 50
— La Doctrine du Cœur, relié 1 50
M. C. — La Lumière sur le Sentier, relié 1 50
La Bhagavad Gîtâ 2 50
Neuf Upanishads . . . . 2 »
Sur le seuil, relié 2 50
Revue théosophique : Le *Lotus Bleu*, le numéro, 1 fr.
ABONNEMENT : France, 10 fr.; Étranger, 12 fr.
Annales théosophiques : trimestrielles, le numéro 1 fr.50
ABONNEMENT : France, 6 fr.; Étranger, 6 fr. 60
Le Théosophe : journal bi-mensuel, le numéro 0 fr. 20
ABONNEMENT : un an, 5 fr.

PUBLICATIONS THÉOSOPHIQUES

10, *rue Saint-Lazare, Paris.*

CONFÉRENCES ET COURS

SALLE DE LECTURE. — BIBLIOTHÈQUE. — RÉUNIONS

Au Siège de la Société : 59, avenue de La Bourdonnais.
Le Siège de la Société est ouvert tous les jours de la
semaine de 3 à 6 heures. Prière de s'y adresser pour tous
renseignements.

REVUE THÉOSOPHIQUE FRANÇAISE

France, 10 fr.; Étranger, 12 fr.; le numéro, 1 fr.

Aux Publications Théosophiques.

Annales Théosophiques

TRIMESTRIELLES

France, 6 fr.; Étranger, 8 fr. 60; le numéro, 1 fr. 50

Aux Publications Théosophiques.

LE THÉOSOPHE

BI-MENSUEL

Un an, 5 fr.; Six mois, 2 fr. 50; Trois mois, 1 fr. 50

1, rue Marguerin.

2978. — Tours, Imprimerie E. ARRAULT et Cⁱᵉ.

www.ingramcontent.com/pod-product-compliance
Lightning Source LLC
LaVergne TN
LVHW021728080426
835510LV00010B/1177